Impressum
Verlag: BABADADA GmbH, Nedderfeld 112 , 22529 Hamburg
Geschäftsführer / Verlagsleitung: Harald Hof
Druck: Books on Demand GmbH, In de Tarpen 42, 22848 Norderstedt

Imprint
Publisher: BABADADA GmbH, Nedderfeld 112 , 22529 Hamburg, Germany
Managing Director / Publishing direction: Harald Hof
Print: Books on Demand GmbH, In de Tarpen 42, 22848 Norderstedt, Germany

xikolo

школа

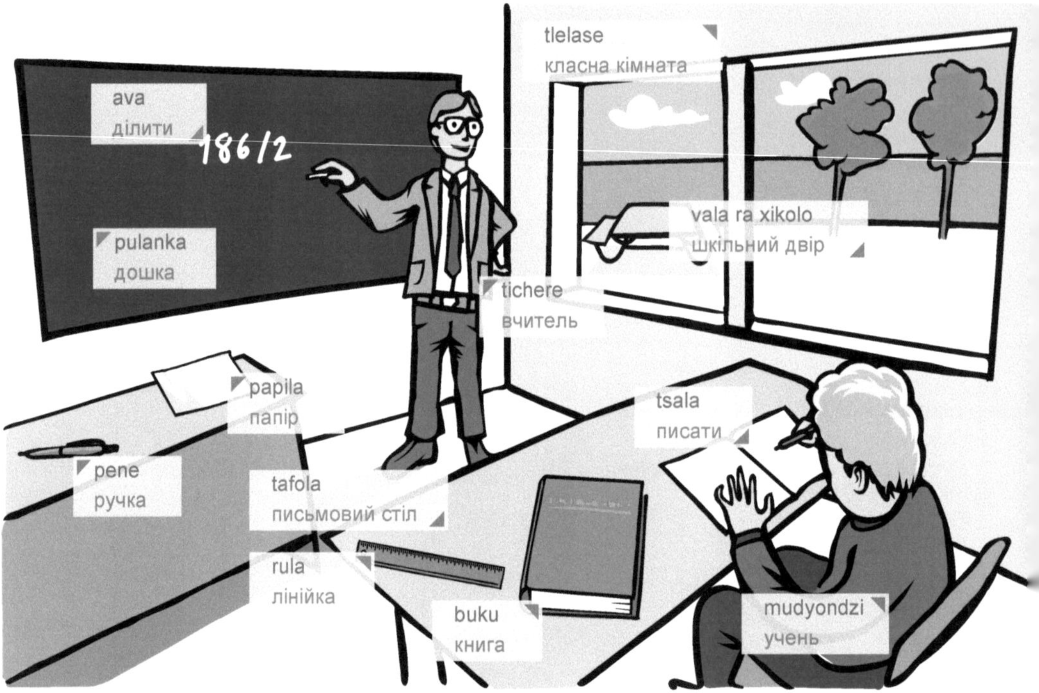
tlelase
класна кімната
ava
ділити
186/2
pulanka
дошка
vala ra xikolo
шкільний двір
tichere
вчитель
papila
папір
tsala
писати
pene
ручка
tafola
письмовий стіл
rula
лінійка
buku
книга
mudyondzi
учень

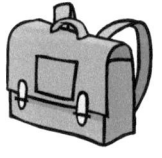

xinkwamana

ранець

bokisi ra tipensele

пенал

pensele

олівець

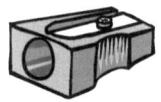

muchini wo vatla tipensele

точило

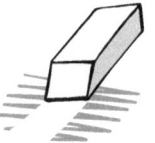

rhaba

гумка

papilo ro dirowa

альбом для малювання

xifaniso lexi diroweke

малюнок

burachi ro penda

пензель

bokisi ro penda

коробка фарб

xikero

ножиці

xidamarheti

клей

buku ya xikolo

зошит

ntirho wa le kaya

домашнє завдання

nombhoro

число

engeta

додавати

susa

віднімати

andzisa

множити

hlaya

рахувати

letere

літера

maletere

абетка

rito

слово

rungula

текст

hlaya

читати

choko

крейда

dyondzo

година

tsarisa

класний журнал

xikambelo

екзамен

xitifiketi

диплом

swiambalo swa xikolo

шкільна форма

dyondzo

освіта

nsonga-vutivi

лексикон

univhesiti

університет

makhiriskopu

мікроскоп

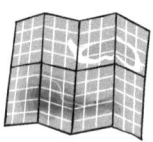

mepe

карта

xikotela xo lahla maphepha

кошик для паперу

kufamba
подорож

hotele
готель
hositele
турбаза
ROOMS
EXCHANGE
ndhawu yo cinca mali
обмінний пункт
putumendhe
валіза
movha
автомобіль

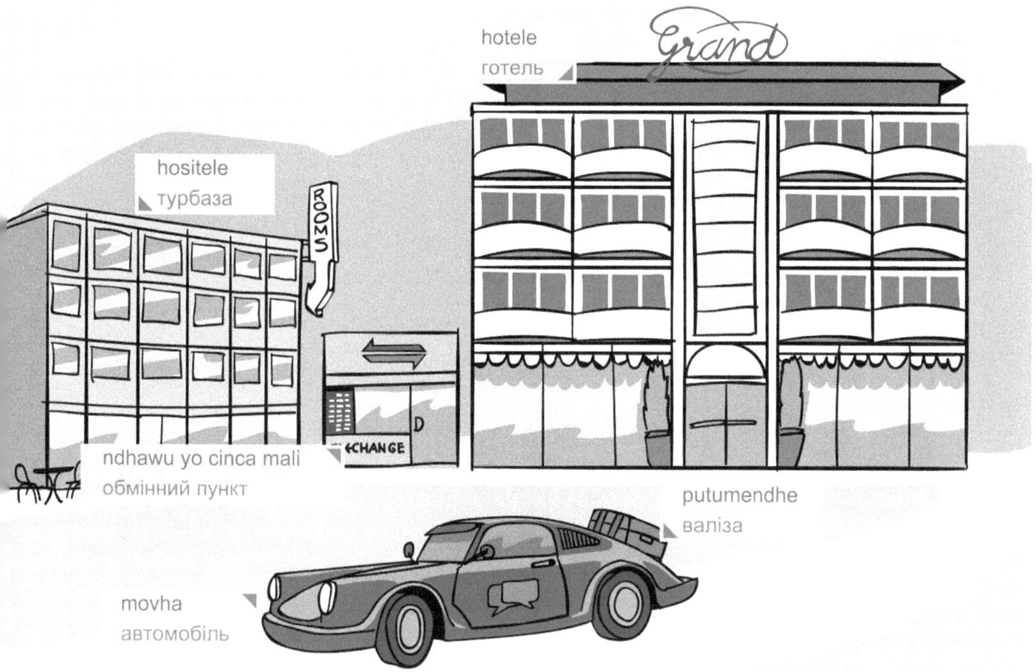

ririmi

мова

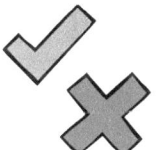

ina / e-e

так / ні

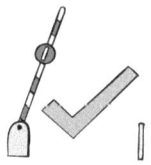

Swikahle

добре

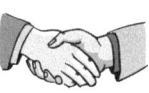

ahe

привіт

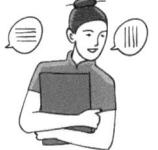

muhundzuluxeri

перекладач

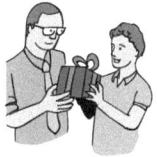

Ndza khensa

дякую

ivungani...?

Скільки коштує ...?

Andzi twisisi

Я не розумію

nkinga

проблема

Riperile!

Добрий вечір!

Maxelo ya kahle!

Доброго ранку!

Vusiku bya kahle!

На добраніч!

sala kahle

До побачення

nkongomiso

напрямок

mindzhwalo

багаж

nkwama

сумка

nkwama

рюкзак

muendzi

гість

kamara

кімната

nkwama wo etlela

спальний мішок

tende

намет

vuxokoxoko bya vaendzi

туристична інформація

ribuwa

пляж

khadi ra xikweleti

кредитна картка

xifihlulo

сніданок

swakudya swa ninhlekani

обід

swakudya swa nimadyambu

вечеря

thikithi

квиток

kheshe

ліфт

xitempe

поштова марка

ndzilakana

межа

mikhuva

митниця

hovisi ya vuyimeri ya tiko

посольство

visa

віза

pasi ro endza

паспорт

swilo swo famba

транспорт

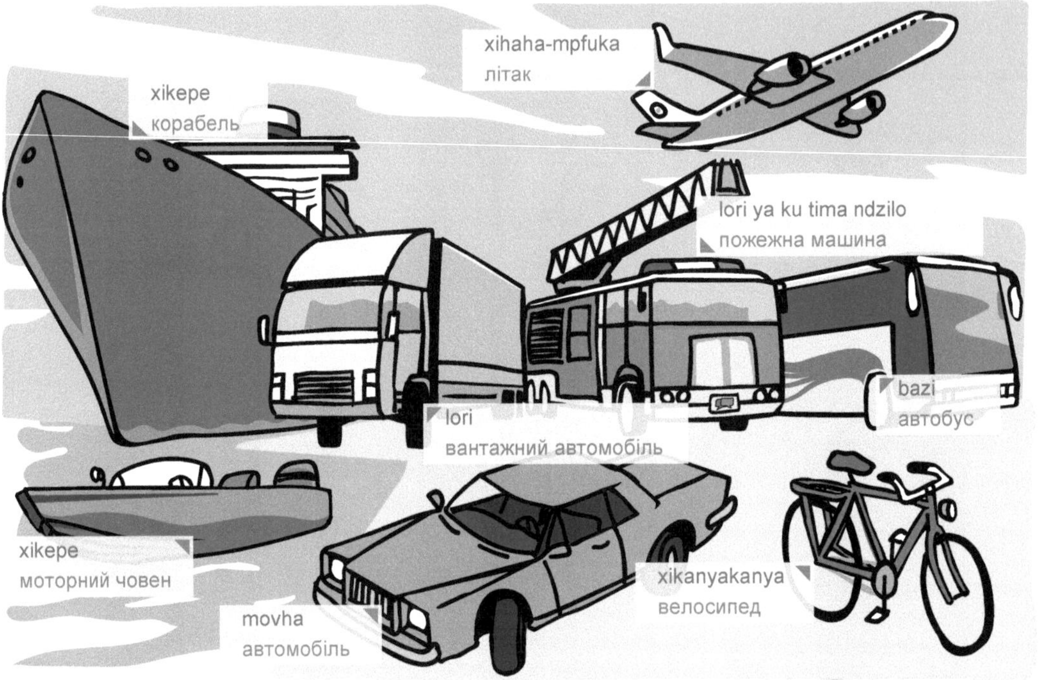

xihaha-mpfuka
літак
xikepe
корабель
lori ya ku tima ndzilo
пожежна машина
lori
вантажний автомобіль
bazi
автобус
xikepe
моторний човен
xikanyakanya
велосипед
movha
автомобіль

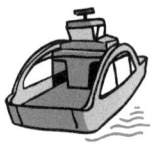

xikepe

пором

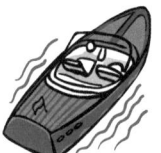

xikepe

човен

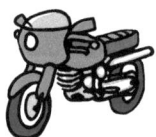

xithuthuthu

мотоцикл

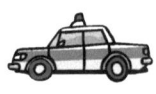

movha wa maphorisa

поліцейська машина

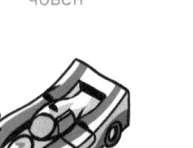

movha wa mphikizano

гоночний автомобіль

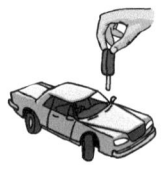

movha yo lombiwa

автомобіль на прокат

ku avelana hi movha

спільне користування авто

lori yo koka timovha

евакуатор

lori yo rhwala chaka

сміттєвоз

njhini

двигун

mafurha

паливо

ndhawu yo xavisa petirolo

автозаправна станція

mpfungo wa le patwini

дорожній знак

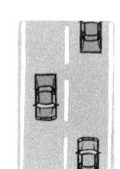

mafambelo ya mimovha

рух

ntlimbano wa timovha

затор

phakı ya timovha

стоянка

xitichi xa xitimela

вокзал

mintila

рейки

xitimela

потяг

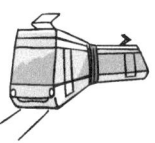

banzi leri fambaka
exiporweni

трамвай

kalichi

вагон

xihaha-mpfuka-phatsa

гелікоптер

rivala ra siwhaha-mpfuka

аеропорт

xihondzo

вежа

mukhandziyi

пасажир

bokisi

контейнер

bokisi

коробка

kalichi

візок

xirhundzi

кошик

suka / tshama

стартувати / приземлятися

doroba

місто

muti

село

nkava wa doroba

центр міста

yindlu

дім

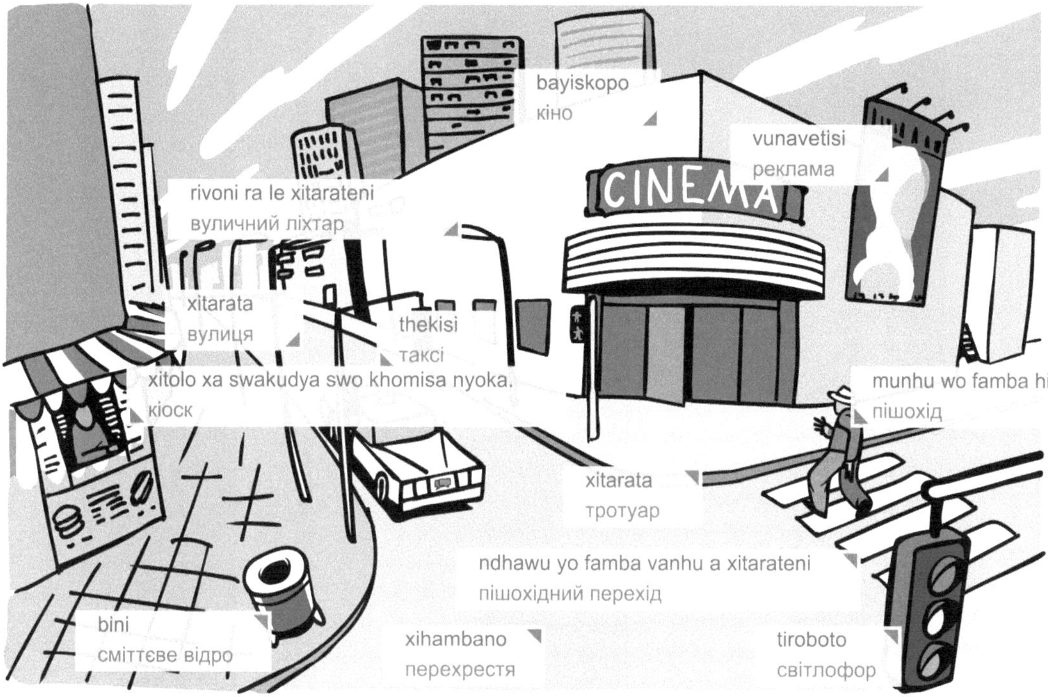
bayiskopo
кіно
vunavetisi
реклама
CINEMA
rivoni ra le xitarateni
вуличний ліхтар
xitarata
вулиця
thekisi
таксі
xitolo xa swakudya swo khomisa nyoka.
кіоск
munhu wo famba hi
пішохід
xitarata
тротуар
ndhawu yo famba vanhu a xitarateni
пішохідний перехід
bini
сміттєве відро
xihambano
перехрестя
tiroboto
світлофор

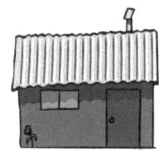

xiyindlwana xa byanyi

хатина

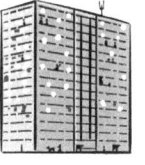

yindlu

квартира

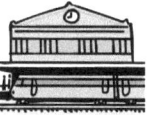

xitichi xa xitimela

вокзал

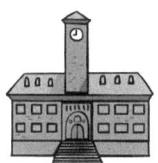

holo ya vanhu

ратуша

MUSEUM

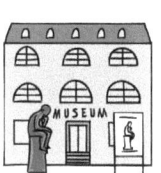

muziyamu

музей

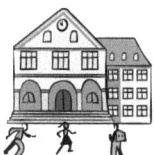

xikolo

школа

univhesiti

університет

bangi

банк

xibedlhele

лікарня

hotele

готель

xitolo xa miri

аптека

hofisi

офіс

xitolo xa tibuku

книжковий магазин

xitolo

магазин

xitolo xa swiluva

квітковий магазин

xitolo le xikulu swinene

супермаркет

makete

ринок

xitolo le xikulu

універмаг

xitolo xa tinhlampfi.

торговець рибою

ndhawu ya switolo

торговельний центр

hlaluko

гавань

phaka

парк

bence

лава

buloho

міст

switepisi

сходи

ehansi ka misava

метро

muhocho

тунель

xitichi xa tibanzi

автобусна зупинка

barha

бар

rhesiturente

ресторан

bokisi ra poso

поштова скринька

mfungho wa xitarata

вулична табличка

muchini wa mali ya ku phaka

лічильник паркування

ntanga wa swiharhi

зоопарк

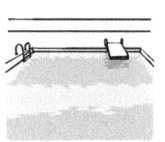

damu ro xambela

басейн

mosque

мечеть

purasi

ферма

nthyakiso

забруднення
навколишнього
середовища

masirha

кладовище

kereke

церква

rivala ra mintlangu

дитячий майданчик

tempele

храм

ndhawu
ландшафт

tluka
листок

mfungho wa gondzo
вказівний стовп

ndlela
шлях

byanyi byo tala
луг

ribye
камінь

munhu wo khandziya tintshava
мандрівник

murhi
дерево

nambu
річка

byanyi
трава

xiluva
квітка

nkova

долина

xitsunga

гора

tiva

озеро

khwati

ліс

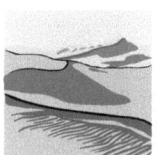

mananga

пустеля

volkheno

вулкан

ntsinda

замок

nkwangulatilo

веселка

swikowa

гриб

murhi wa nchindzu

пальма

nsuna

комар

haha

муха

vusokoti

мурашка

nyoxi

бджола

puma

павук

ndhawu - ландшафт

xifufunhunu

жук

chele

жаба

maxindyana

вивірка

nhloni

їжак

mfundla

заєць

xikhova

сова

xinyenyane

птах

sekwa

лебідь

ngluve ya nhova

кабан

mhunti

олень

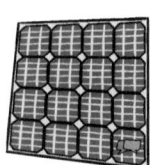

mhofu

лось

damu

гребля

xipelupelu xa moya

вітряк

bodo leyi tswongaka kuhisa
ka dyambu

сонячний модуль

maxelo

клімат

rhesiturente
ресторан

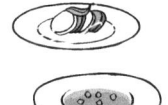

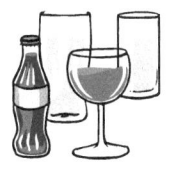

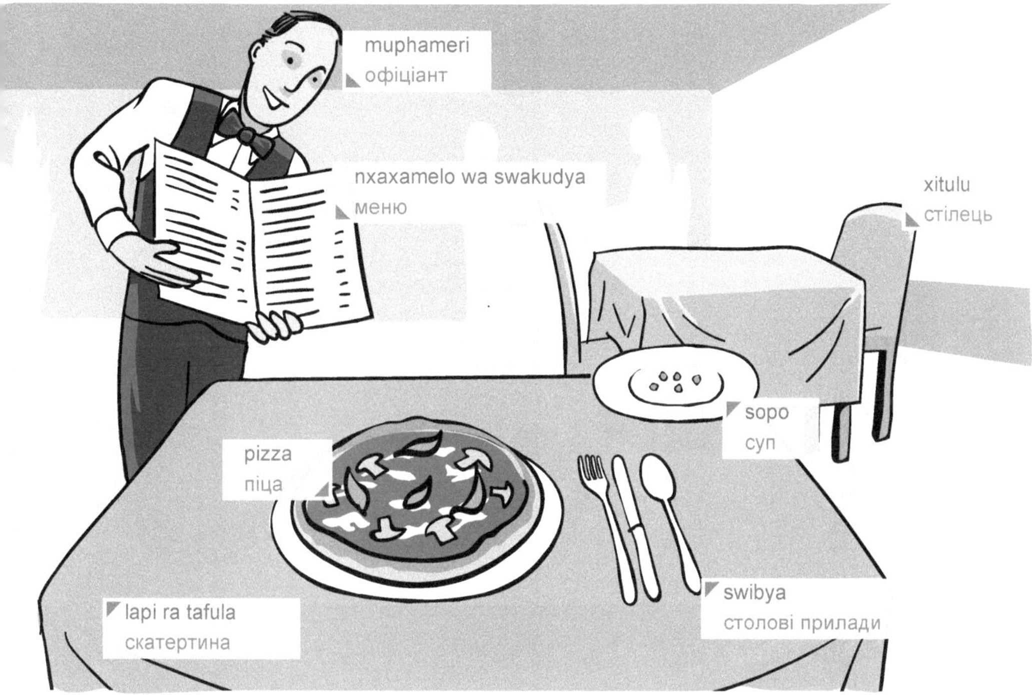
muphameri
офіціант
nxaxamelo wa swakudya
меню
xitulu
стілець
sopo
суп
pizza
піца
swibya
столові прилади
lapi ra tafula
скатертина

swakudya swa ku naveta

закуска

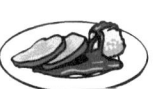

swakudya

друга страва

swo rhelerisa

десерт

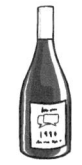

swakunwa

напої

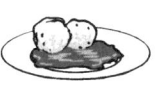

swakudya

їжа

bodlhela

пляшка

swakudya swa xihatla

фаст-фуд

swakudya swa le ndleleni

вулична їжа

mbita ya tiya

чайник

xibye xa chukela

цукорниця

xiphemu

порція

muchini wa espresso

еспресо-машина

xitulu xa le henhla

високий стільчик

swikweleti

рахунок

thireyi

піднос

mukwana

ніж

foroko

вилка

lepula

ложка

xilepulana

чайна ложка

phepha ro sula nomu

серветка

nghilazi

склянка

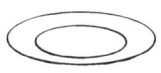

pleti

тарілка

pleti ya sopo

тарілка для супу

sosara

блюдце

murhu

соус

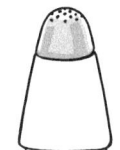

xilo xo chele munyu

солонка

xilo xo gaya

млин для перцю

vhiniga

оцет

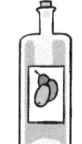

mafurha

масло

swinyunyeteri

спеції

ketchup

кетчуп

mustard

гірчиця

mayonasi

майонез

xitolo le xikulu swinene
супермаркет

nyiko yo hlawuleka
пропозиція
FOR
muxavi
клієнт
ntsamba
молочні продукти
mihandzu
фрукти
xikocikara
візок для покупок

BUTCHERS

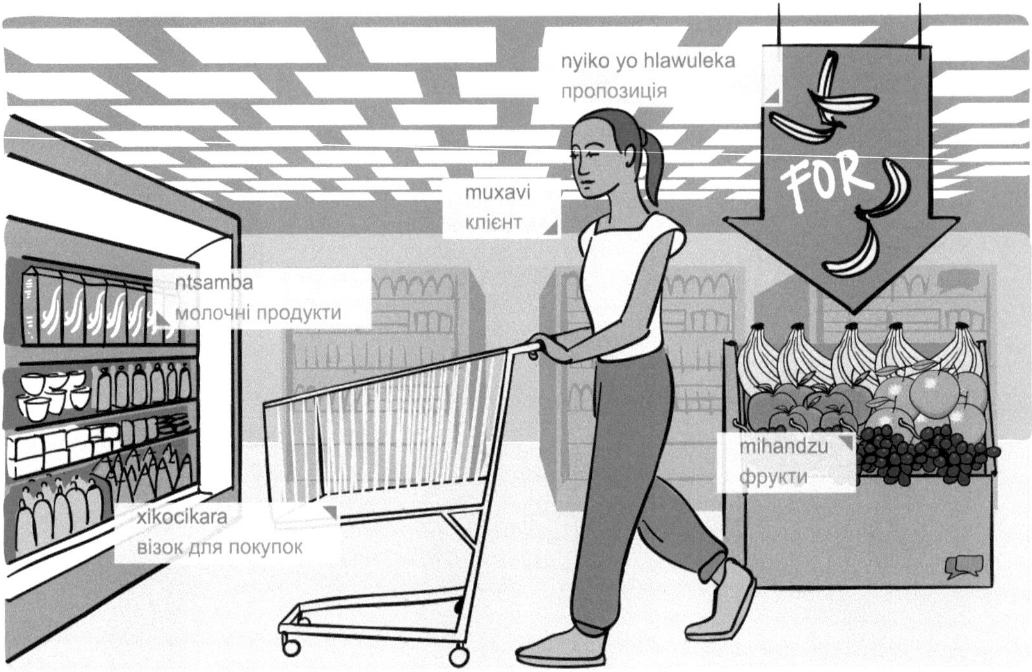

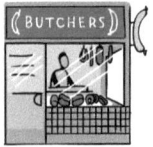

buchara
м'ясний магазин

BAKERY

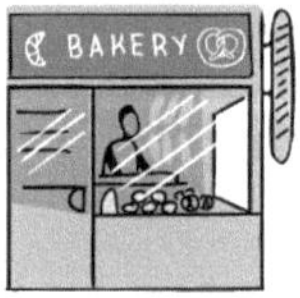

bekari
пекарня

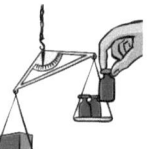

ringanyeta
зважувати

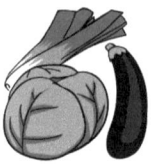

swimila
овочі

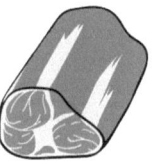

nyama
м'ясо

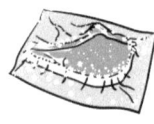

swakudya swo titimela
заморожені продукти

nyama

ковбасна нарізка

swakudya leswi nga thinini

консерви

mapa yo hlanswa

пральний порошок

malekere

солодощі

switirhisiwa swa le ndlwini

предмети домашнього побуту

swilo swo basisa

мийний засіб

munhu wo xavisa

продавщиця

thili

каса

muamukeli wa timali

касир

nxaxamelo wa swo xaviwa

список покупок

nkarhi wa ku tirha

часи роботи

nkwama wa mali

гаманець

khadi ra xikweleti

кредитна картка

nkwama

сумка

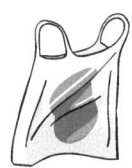

nkwama wa pulasitiki

поліетиленовий пакет

mati

вода

ntsutsu

сік

meleke

молоко

coke

кола

vhinyo

вино

byalwa

пиво

byala

алкоголь

cocoa

какао

tiya

чай

kofi

кава

espresso

еспресо

cappuccino

капучіно

banana

банан

apula

яблуко

lamula

апельсин

kalabatla

кавун

swiri

лимон

kherotsi

морква

swinyalana

часник

musengele

бамбук

nyala

цибуля

swikowa

гриб

timanga

горішки

makaroni ya nyama

локшина

spaghetti

спагеті

rhayisi

рис

saladi

салат

machipisi

картопля фрі

nhlata wo katingiwa

смажена картопля

pizza

піца

hamburger

гамбургер

xinkwa

бутерброд

cutlet

шніцель

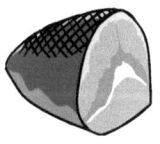

ham

шинка

salami

салямі

soseji

ковбаса

huku

курка

katinga

печеня

hlampfi

риба

oats

вівсяні пластівці

muesli

мюслі

rivele-ndzoho

кукурудзяні пластівці

filawa

борошно

bantsi

круасан

xinkwa

булочка

xinkwa

хліб

xinkwa xo oxiwa

тостовий хліб

makokisi

печиво

botere

масло

ribomba ra tswamba

сир

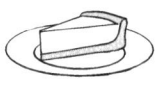

khekhe

пиріг

tandza

яйце

matandza lama katingiweke

яєчня

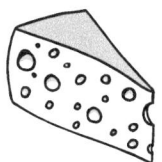

chizi

сир

ayisi khrimi

морозиво

chukela

цукор

vulombe

мед

jamu

мармелад

botere ya chokoleti

нуга-крем

curry

карі

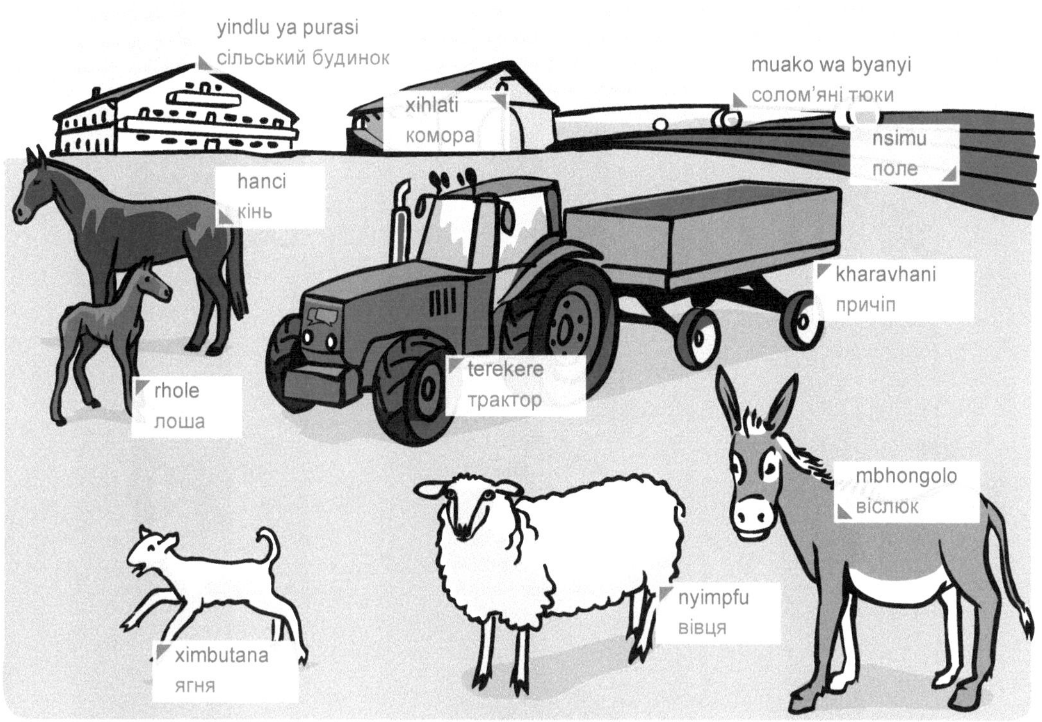

yindlu ya purasi
сільський будинок

xihlati
комора

muako wa byanyi
солом'яні тюки

nsimu
поле

hanci
кінь

kharavhani
причіп

terekere
трактор

rhole
лоша

mbhongolo
віслюк

nyimpfu
вівця

ximbutana
ягня

mhunti

коза

homu

корова

rhole

теля

nguluve

свиня

xingulubyana

порося

nkuzi

бик

sekwa

гусак

sweka

качка

xikukwana

курча

mbhaha

курка

nkuku

півень

kondlo

щур

ximanga

кіт

kondlo

миша

homu

віл

mbyana

собака

yindlu ya mbyana

собача будка

payipi ya mati

садовий шланг

xilo xo chelela mati

лійка

nsimbi yo tsema

коса

xikomu

плуг

sikele

серп

xikomu

мотика

foroko le yikulu

вила

xihloka

сокира

bara

тачка

xitsengele

корито

xilo xo chela ntswamba

бідон молока

saka

мішок

rirhangu

паркан

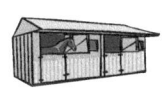

xivala

хлів

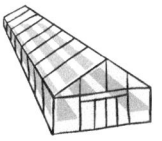

yindlu ya vuhlayiselo bya
swimilana

теплиця

misava

ґрунт

mbewu

насіння

swinonisi

добриво

muchini wa ku tshovela

комбайн

tshovela

пожинати

ntshovelo

урожай

mintsumbula

корінь ямсу

koroni

пшениця

tinyawa

соя

nhlata

картопля

koroni

кукурудза

rapeseed

ріпак

nsinya wa mihandzu

плодове дерево

ntsumbula

маніок

swakudya swa tidzoho

злаки

yindlu
дім

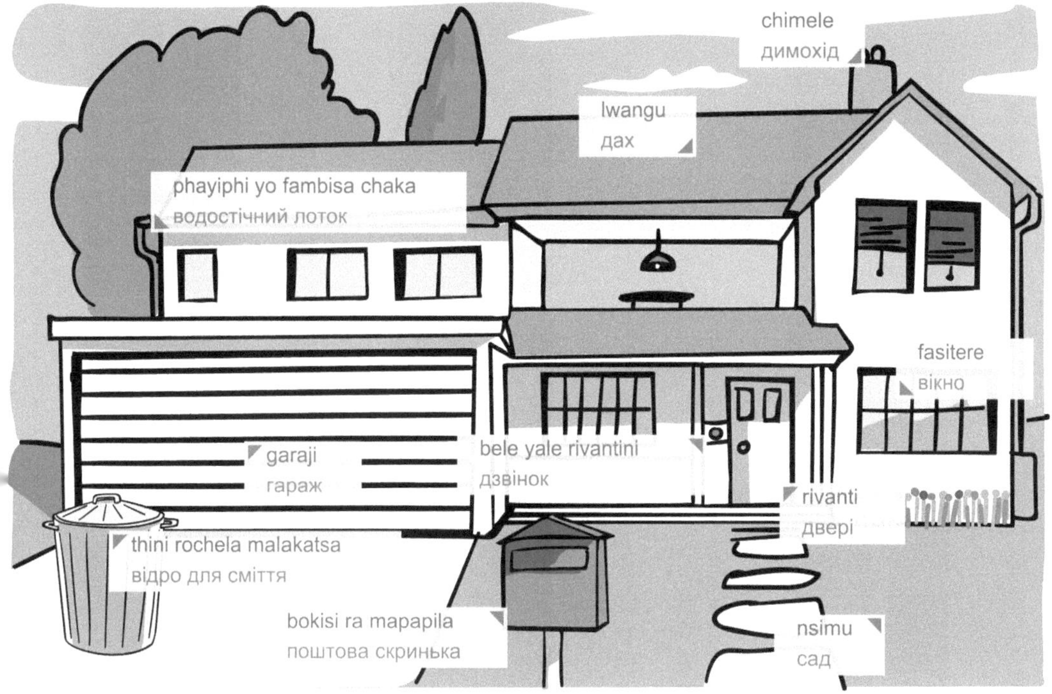
chimele
димохід
lwangu
дах
phayiphi yo fambisa chaka
водостічний лоток
fasitere
вікно
garaji
гараж
bele yale rivantini
дзвінок
rivanti
двері
thini rochela malakatsa
відро для сміття
bokisi ra mapapila
поштова скринька
nsimu
сад

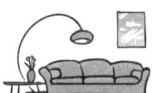

kamara ro tshama

вітальня

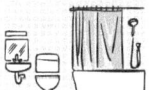

kamara yo hlambela

ванна кімната

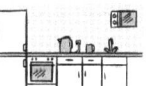

khishini

кухня

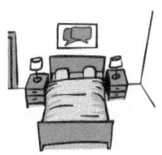

kamera ro etlela

спальня

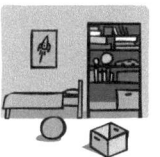

kamana ya vana

дитяча кімната

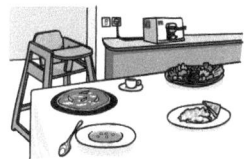

ndhawu yo dyela

їдальня

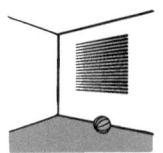

ehansi

підлога

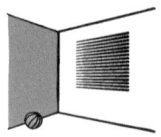

khumbi

стіна

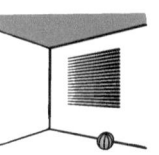

silingi

стеля

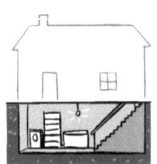

kamera ra le hansi

підвал

phungula

сауна

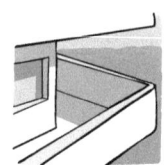

rikupakupa

балкон

tshala

тераса

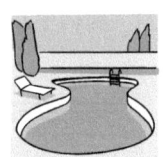

damu

басейн

muchini wo tsema byanyi

косарка

nkumba

простирало

swo andlalela mubedo

ковдра

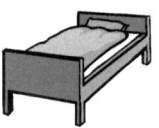

mubedo

ліжко

nkukulu

мітла

bakiti

відро

swichi

перемикач

kamara ro tshama
вітальня

phepha ra le khumbini
шпалери
xifaniso
малюнок
rivoni
лампа
xelufu
поличка
khabodo
шафа
thelevhixini
телевізор
xitiko
камін
xiluva
квітка
xikhengele
подушка
sofa
диван
mbita
ваза
xilawula-kule
пульт

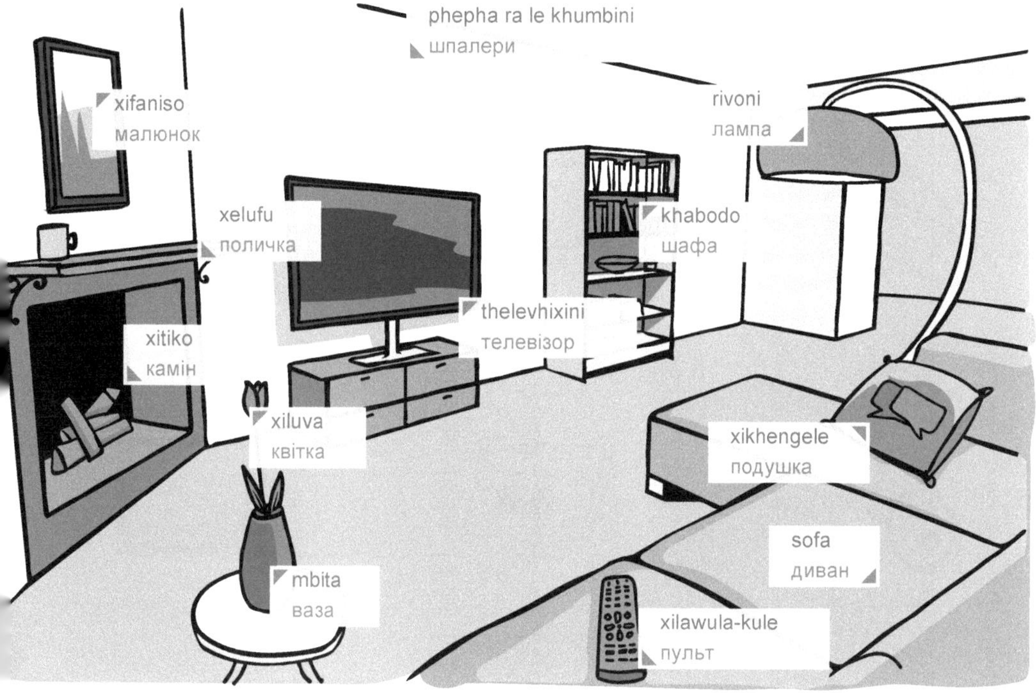

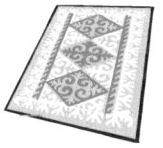

khapete

килим

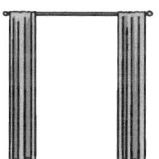

khethenisi

завіса

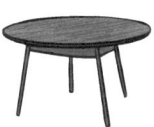

tafula

стіл

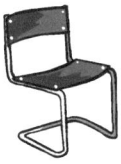

xitulu

стілець

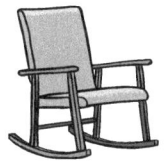

xitulu xo mbuwetela

крісло-гойдалка

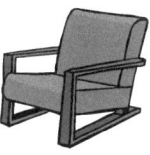

xitulu xo tlhandleka mavoko

крісло

buku

книга

nkumba

ковдра

nkhaviso

прикраса

tihunyi

дрова

filimi

фільм

muchini wa hi-fi

стереосистема

xinotlelo

ключ

phepha-hungu

газета

xifaniso lexi vatliweke

картина

bodo ya xifaniso

плакат

xiya-ni-moya

радіо

buku yo tsala tinhla

блокнот

hoover

пилосос

xiluva xa cactus

кактус

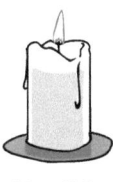

khandlela

свічка

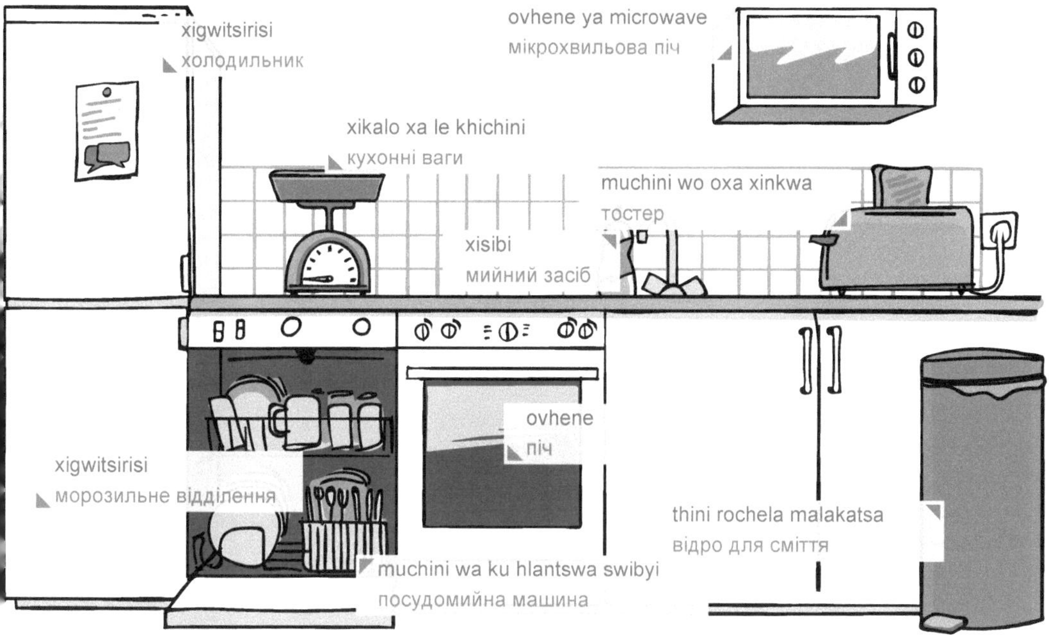

xigwitsirisi
холодильник

ovhene ya microwave
мікрохвильова піч

xikalo xa le khichini
кухонні ваги

muchini wo oxa xinkwa
тостер

xisibi
мийний засіб

ovhene
піч

xigwitsirisi
морозильне відділення

thini rochela malakatsa
відро для сміття

muchini wa ku hlantswa swibyi
посудомийна машина

mosweki

плита

poto

горщик

poto ra nsimbi

чавунний горщик

mbita yo swekela / kadai

вок / кадай

pani

сковорода

ketlele

чайник

xo sweka hi nkahelo

пароварка

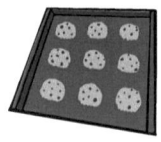

thireyi ya ku baka

лист

swibya

посуд

xikomichana

кухоль

ximbitana

чаша

ti-chopstick

палички для їжі

xipunu

черпак

spatula

лопатка

muchini wo hlanganisa

вінчик для збивання

sefo

сито

xisefo

сито

xilo xo tsemelela

терка

xibye

ступка

nyama yo oshiwa

барбекю

ndzilo

багаття

bodo ya ku tsemelela

дошка

mhandzi yo andlala fulawa

качалка

xo pfula mabodlhela

штопор

thini

конзерва

xo pfula mathini

відкривачка

xo khoma poto

прихватки

zinki

раковина

buracha

щітка

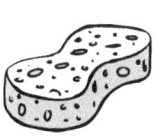

xiponci

губка

xilo lexi hlanganiselaka

міксер

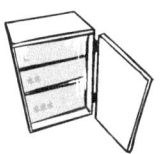

xigwitsirisi

морозильна камера

bodlhela ra n'wana

дитяча пляшка

pompi

кран

kamara yo hlambela
ванна кімната

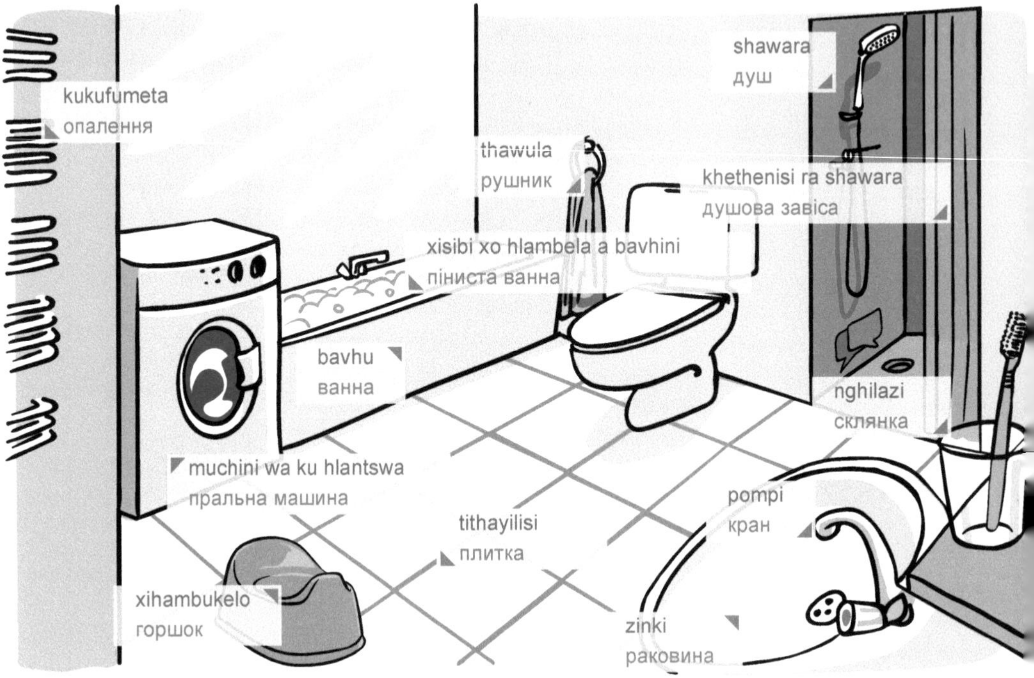

shawara
душ

kukufumeta
опалення

thawula
рушник

khethenisi ra shawara
душова завіса

xisibi xo hlambela a bavhini
піниста ванна

bavhu
ванна

nghilazi
склянка

muchini wa ku hlantswa
пральна машина

pompi
кран

tithayilisi
плитка

xihambukelo
горшок

zinki
раковина

xihambukelo
туалет

xihambukelo
підлоговий туалет

bidet
біде

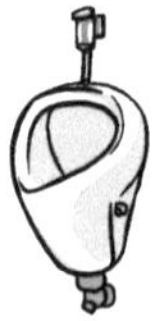

ndhawu yo tsakamisela
пісуар

papila ra xihambukelo
туалетний папір

burachi bya xihambukelo
щітка для туалету

burachi bya meno

зубна щітка

xisibi xa meno

зубна паста

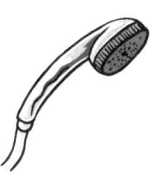

xo basisa exikarhi ka meno

нитка для чищення зубів

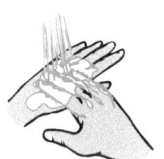

hlamba

мити

xawara yo khomiwa hivoko

ручний душ

douche

інтимний душ

xihlambelo

таз

buracha ra nhlana

щітка для спини

xisibi

мило

xisibi xa xawara

гель для душу

shampoo

шампунь

swilapana

мочалка

xinambyana

водостік

rivomba

крем

xinhuherisi

дезодорант

xivoni

дзеркало

xivoni xo khomiwa hivoko

косметичне дзеркало

rikarhi

бритва

xisibi so susa malevu

піна для гоління

mafurha ya kutola loku u
heta ku tsemeta malevu

лосьйон після гоління

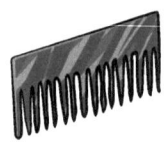

kama

гребінь

buracha

щітка

muchini wo omisa mosisi

фен

mafurha yo tola mosisi

лак для волосся

xo tisasekisa

косметика

xotota nomo

губна помада

xo tota minwala

лак для нігтів

kotoni

вата

xo tsema minwala

ножиці для нігтів

xinhuherisi

парфум

nkwama wa le xihambukelweni

косметичка

nchuluko

табурет

xikalo

ваги

nguvu yo hlamba

халат

tiglovhu ta raba

гумові рукавички

tampon

тампон

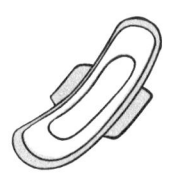

thawula ra ku basisa

гігієнічні прокладки

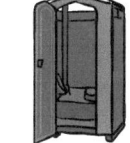

xihambukelo xa le handle

біотуалет

kamana ya vana

дитяча кімната

alamu ya wachi
будильник
xo tlanga sa ku etlela
м'яка іграшка
movha ya ku tlangisa
іграшковий автомобіль
xokocokoco
брязкальце
yindlu ya swipopana
ляльковий будиночок
nyiko
подарунок

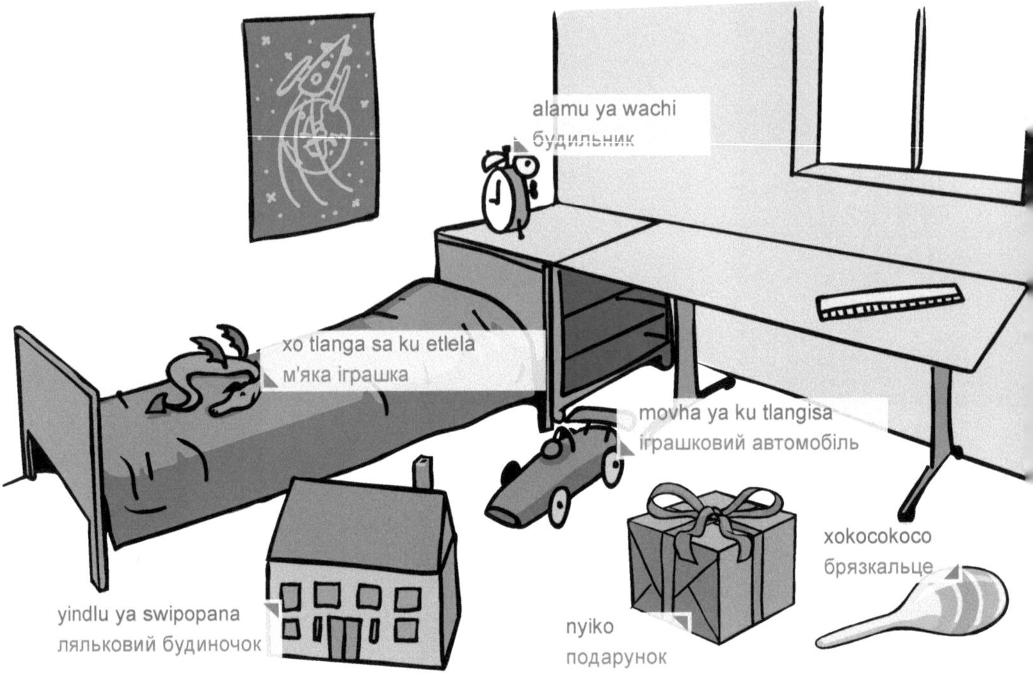

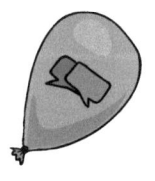

baluni

повітряна кулька

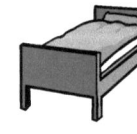

mubedo

ліжко

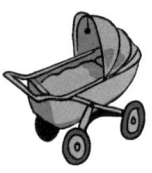

pureme

дитячий візок

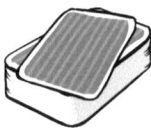

makhadi

картярська гра

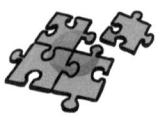

jigsaw

пазл

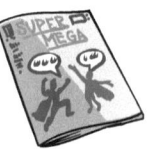

khomiki

комікс

switina swa lego

лего цеглинки

swiaki

блоки

xo tlanga xa vana

іграшкова фігурка

swiambalo swa nwana

повзунки

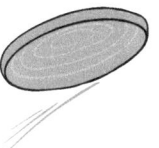

Frisbee

фризбі

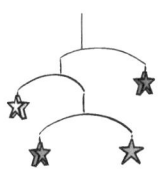

mobile

мобіле

ntlango wa le bodweni

настільна гра

dayisi

кубик

xitimela xo tlanga

модель залізнична станція

xo tlangisa vana

соска

nkhuvo

вечірка

buku ya swifaniso

книжка з картинками

bolo

м'яч

xipopana

лялька

tlanga

грати

khele ra sava

пісочниця

muchinginya

гойдалка

swilo swo tlangisa

іграшка

mintlango ya vhidiyo

гральна консоль

xithuthuthu xa mivhilwa manharhu

триколісний велосипед

tibere to tlangisa

плюшевий мішка

wadirobo

шафа

swiambalo

одяг

masokisi

шкарпетки

masokisi

панчохи

buruku byo tlimba

колготки

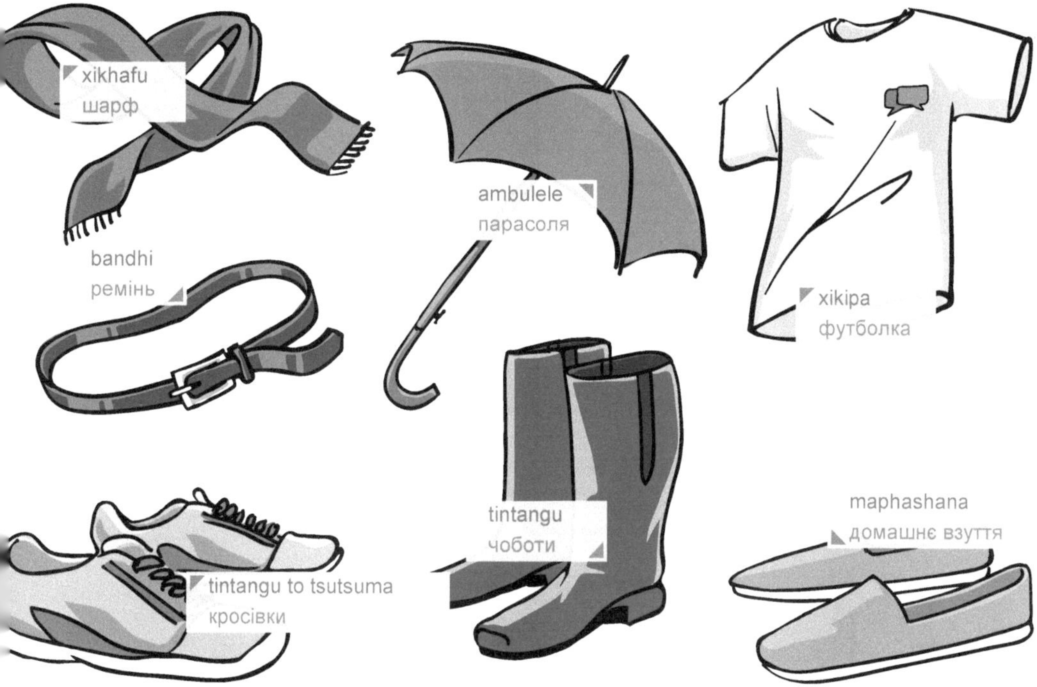

xikhafu
шарф

bandhi
ремінь

ambulele
парасоля

xikipa
футболка

tintangu
чоботи

maphashana
домашнє взуття

tintangu to tsutsuma
кросівки

maphashana

сандалі

tintangu

взуття

majombo ya raba

гумові чоботи

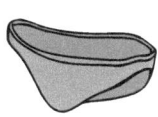

maburuko ya le ndzeni

труси

bodi

бюстгальтер

xikipa xa le ndzeni

нижня сорочка

miri

боді

maburuko

штани

bokati

джинси

xiketi

спідниця

bulawusi

блузка

hembe

сорочка

jesi

пуловер

jazi ro fingeneta nhloko

светр

buleyizara

піджак

baji

куртка

nghuvo

пальто

jazi rampfula

дощовик

swiambalo

костюм

swiambalo

сукня

rhoko ya mucato

весільна сукня

sudu

костюм

xiambalo xo etlela

нічна сорочка

swi ambalo swo etlela

піжама

sari

сарі

xikhafu

головна хустка

duku

чалма

burqa

бурка

swi ambalo

кафтан

abaya

абая

swiambalo swo hlambela

купальник

maburuko ya le ndzeni

плавки

buruku ro koma

шорти

tracksuit

тренувальний костюм

fasikoti

фартух

maglilavhu

рукавички

kunupu

гудзик

manghilazi ya mahlo

окуляри

sindza

браслет

vuhlalu

ланцюг

xingwaxila

кільце

vo sasekisa tindleve

сережка

kepisi

шапка

hangara ya nghuvo

плічка

xigqoko

капелюх

thayi

краватка

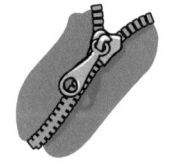

zipi

застібка-блискавка

xihuku

шолом

minxongotelo

підтяжки

swiambalo swa xikolo

шкільна форма

yunifomo

уніформа

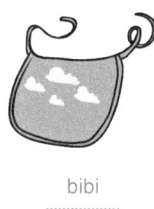

bibi

нагрудник

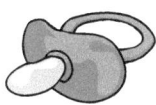

xo tlangisa vana

соска

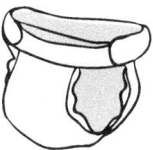

leyiri

підгузок

hofisi

офіс

server
сервер
khabodo yo beka tifayili
шаф для документів
papila
папір
muchini wa ku kandziyisa
принтер
xikirini
монітор
mouse
миша
tafola
письмовий стіл
xilo xo veka swiphephana
папка
keyboard
синтезатор
xikotela xo lahla maphepha
кошик для паперу
khompyuta
комп'ютер
xitulo
стілець

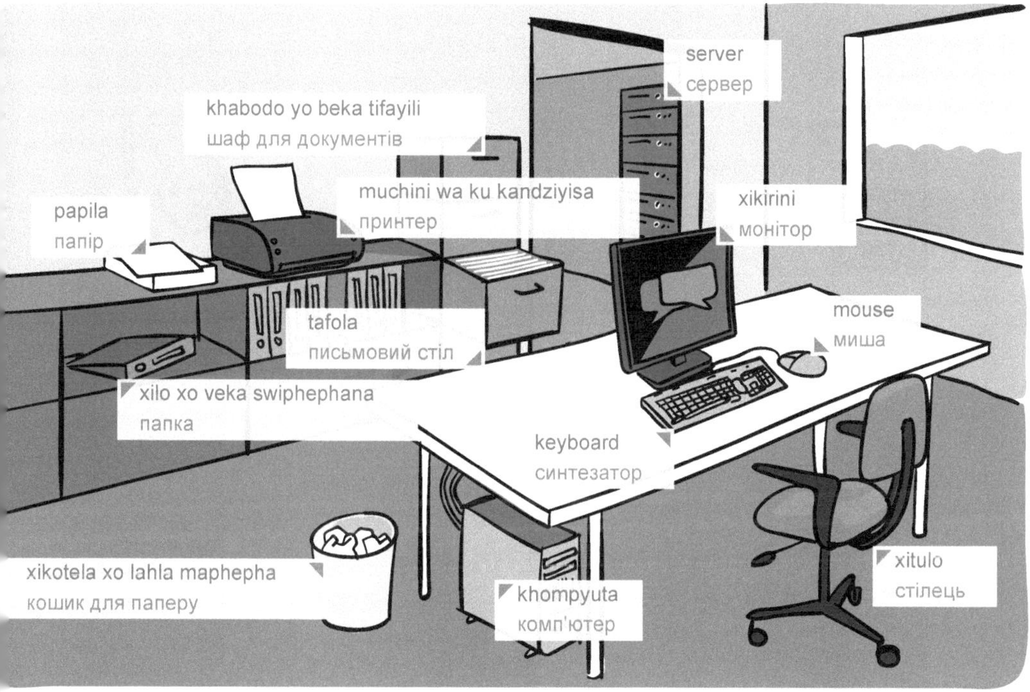

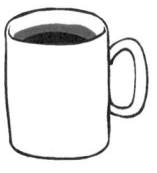

bikiri ra kofi

кавовий кухоль

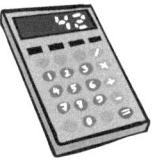

muchini wo hlaya

калькулятор

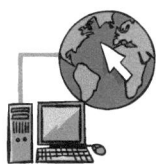

internet

інтернет

laptop

ноутбук

papila

лист

rungula

повідомлення

foni

мобільний телефон

network

мережа

muchini wo endla tikopi

копіювальний пристрій

progreme ya khompyuta

програмне забезпечення

riqingho

телефон

pulagi ya gezi

розетка

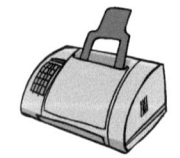

muchini wo rhumela rungula

факс

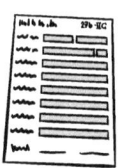

fomo

бланк

papila

документ

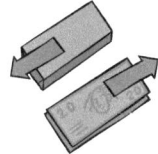

xava

купувати

hakela

платити

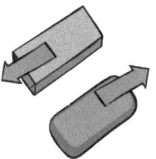

xavisa

торгувати

mali

гроші

dolara

долар

euro

євро

yen

ієна

rouble

рубль

Swiss franc

франк

renminb yuan

юанів женьміньбі

rupee

рупія

muchini wa mali

банкомат

ndhawu yo cinca mali

обмінний пункт

nsuku

золото

silivhere

срібло

mafurha

нафта

matimba

енергія

hakelo

ціна

ntwanano

контракт

xibalo

податок

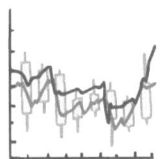

nundzu ya timali

акція

tirha

працювати

mutirhi

працівник

mothorhi

роботодавець

fektri

фабрика

xitolo

магазин

mintirho
професії

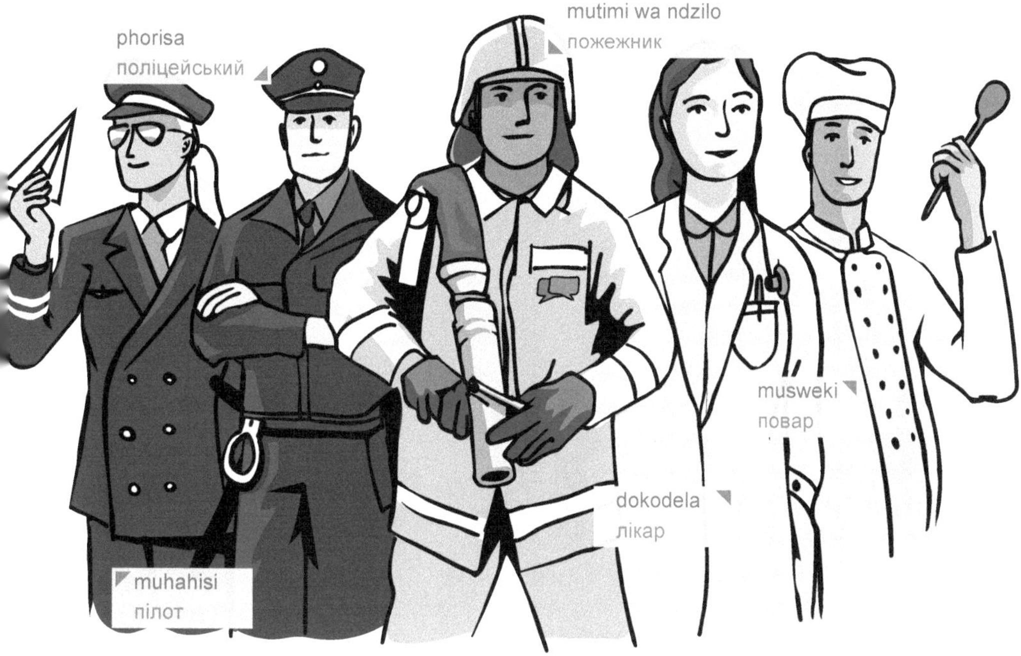
mutimi wa ndzilo
пожежник
phorisa
поліцейський
musweki
повар
dokodela
лікар
muhahisi
пілот

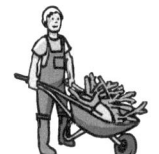

muhlayi wa ntanga

садівник

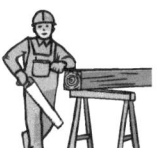

muvatli

столяр

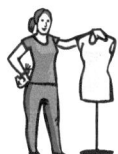

murungi

швачка

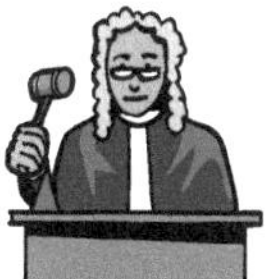

muavanyisi

суддя

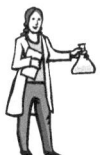

xitshunguri

хімік

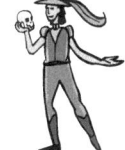

mutlangi

актор

muchaeri wa tibazi

водій автобуса

muchayeri wa thekisi

таксист

muphasi wa tinhlampfi

рибалка

wansati wa ku basisa

прибиральниця

mufuleri

покрівельник

muphameri

офіціант

muhloti

мисливець

mupendi

художник

mubaki

пекар

mutivi wagezi

електрик

muaki

будівельник

munjiniyara

інженер

muxavisi wa nyama

забійник

muplambara

бляхар

muheleketi wa poso

листоноша

socha

солдат

mumpfampfarhuti

архітектор

muamukeli wa timali

касир

muxavisi wa swiluva

флорист

mululamisi wa misisi

перукар

mufambisi

кондуктор

munhu wo lungisa timovha

механік

mulawuri

капітан

dokotela wa matinho

дантист

mutivi wa sayensi

вчений

mufundisi

рабин

murhangeri

імам

nghwendza

монах

mfundisi

пастор

switirhisiwa
інструменти

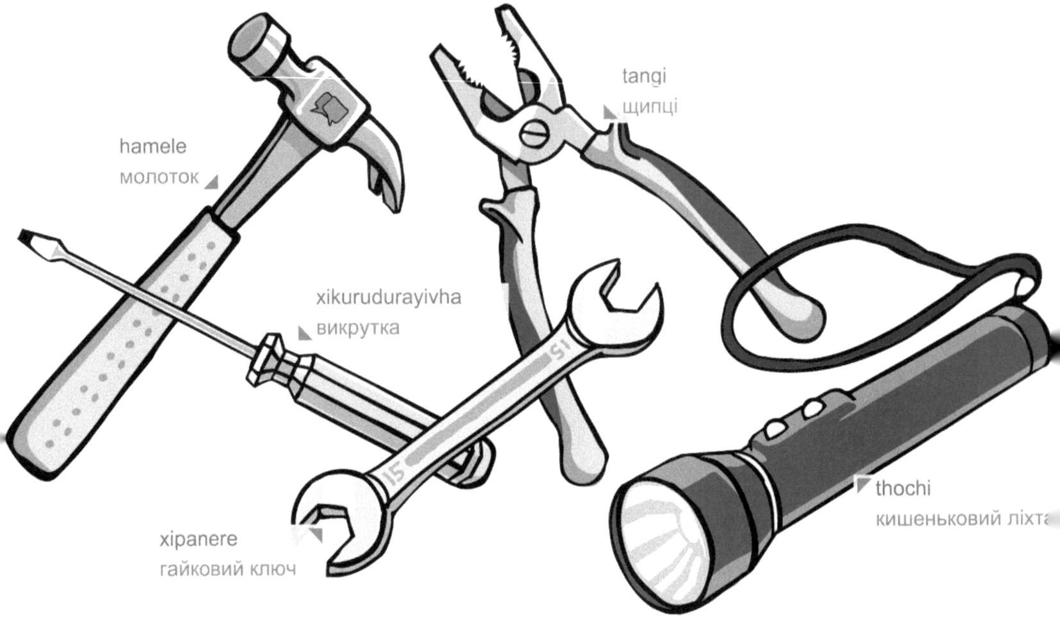

tangi
щипці
hamele
молоток
xikurudurayivha
викрутка
thochi
кишеньковий ліхта
xipanere
гайковий ключ

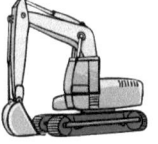

muchini wo cela

екскаватор

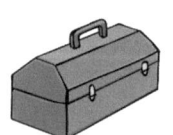

bokisi ra switirhisiwa

ящик для інструментів

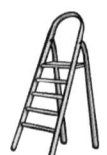

xitepisi

драбина

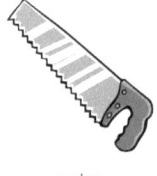

saha

пилка

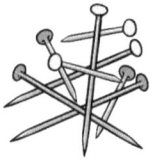

swipikiri

цвяхи

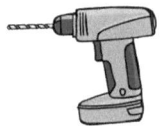

muchini wo boxa

свердло

lunghisa

ремонтувати

foxolo

лопата

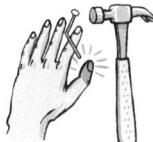

Thyaka!

лайно!

nchumu wo susa ritshuri

совок

mbita ya pende

відро з фарбою

bawuti

гвинти

swichayachayana
музичні інструменти

swigubu
ударна установка

xikurisa-mpfumawulo
динамік

katara
гітара

double bass
контрабас

mhalamhala
труба

piyano

фортепіано

violin

скрипка

bass

бас

timpani

литаври

xigubu

барабан

keyboard

клавіатура

saxophone

саксофон

xitiringo

флейта

xikurisa-marito

мікрофон

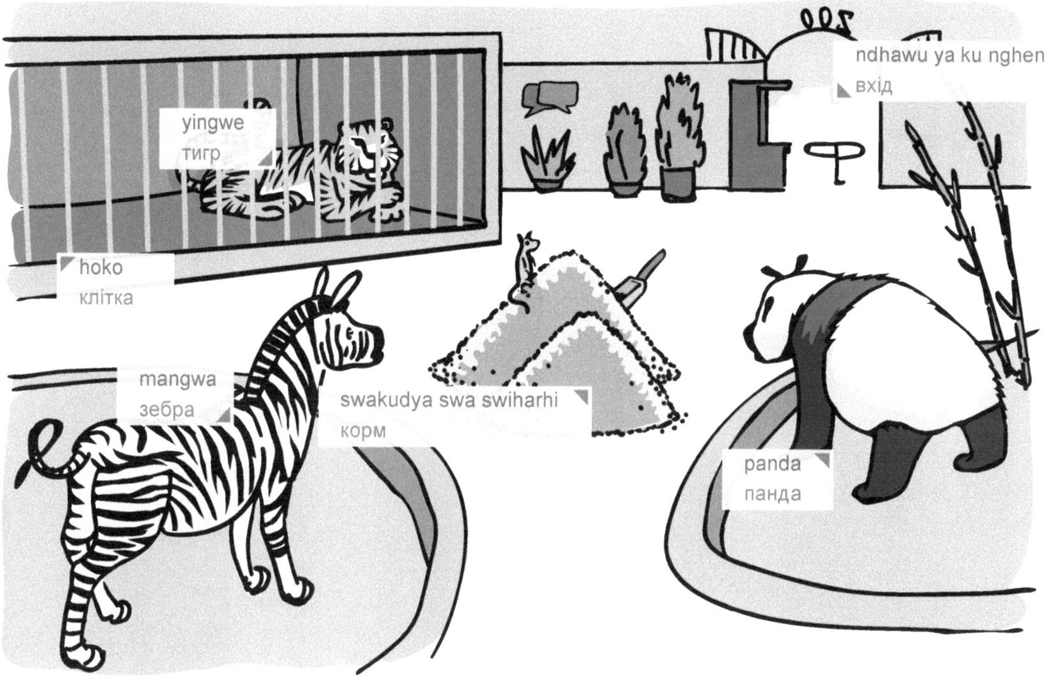

ndhawu ya ku nghen
вхід

yingwe
тигр

hoko
клітка

mangwa
зебра

swakudya swa swiharhi
корм

panda
панда

swiharhi

тварини

ndlopfu

слон

xinjhenghwe

кенгуру

mhelembe

носоріг

gorila

горила

bere

ведмідь

kamela

верблюд

yintsha

страус

nghala

лев

nkawu

мавпа

flamingo

фламінго

hokwe

папуга

bere

білий ведмідь

penguin

пінгвін

shaka

акула

hanti

павич

nyoka

змія

ngwenya

крокодил

muhlayisi wa mintanga ya swiharhi

працівник зоопарку

seal

тюлень

jaguar

ягуар

hanci

понi

yingwe

леопард

mpfuvu

гіпопотам

nhutlwa

жираф

gama

орел

ngluve ya nhova

кабан

hlampfi

риба

mfutsu

черепаха

nyimpfu ya le lwandle

морж

mhungubye

лисиця

mhala

газель

bolo ya le Amerika
американський футбол

kufamba hi xi kanyakanya
їзда на велосипеді

tennis
теніс

basketball
баскетбол

kuhlambela
плавання

ntlango wa ku bana
бокс

khororo ya le ayisini
хокей

bolo
футбол

badminton
бадмінтон

mintlango
легка атлетика

bolo ya mavoko
гандбол

kureta e gambokweni
лижні перегони

polo
поло

tlula
стрибати

angara
обіймати

hleka
сміятися

famba
йти

yimbelela
співати

lora
мріяти

khongela
молитися

ntswontswa
цілувати

tsala
писати

dirowa
малювати

komba
показувати

dlidlimeta
тиснути

nyika
давати

teka
брати

yi va

мати

endla

робити

ku va

бути

yima

стояти

tsutsuma

бігати

koka

тягнути

lahlela

кидати

wana

падати

hemba

лежати

rindza

очікувати

rhwala

носити

tshama

сидіти

ambala

одягати

tlela

спати

pfuka

просипатися

languta

дивитися

rila

плакати

bana

гладити

kama

розчісувати

vulavula

розмовляти

twisisa

розуміти

vutisa

питати

yingisa

слухати

nwana

пити

dyana

їсти

basisa

прибирати

randza

любити

sweka

варити

chayela

їхати

haha

літати

tluta

йти під вітрилом

hlaya

рахувати

hlaya

читати

hlaya

вчитися

tirha

працювати

teka

одружуватися

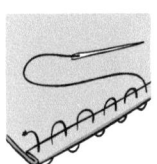

rhunga

шити

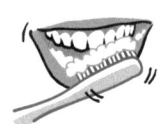

kuhlamba meno

чистити зуби

dlaya

убивати

dzaha

курити

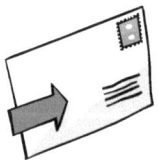

rhumela

посилати

ndyanghu

сім'я

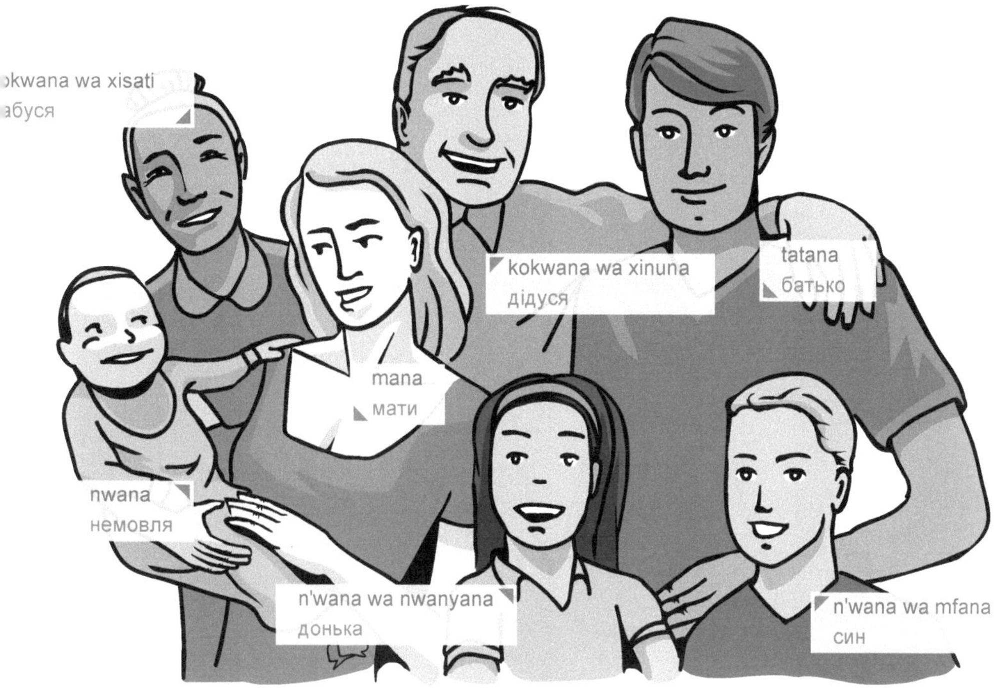
kwana wa xisati
абуся
kokwana wa xinuna
дідуся
tatana
батько
mana
мати
nwana
немовля
n'wana wa nwanyana
донька
n'wana wa mfana
син

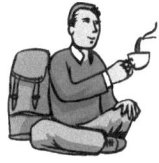

muendzi

гість

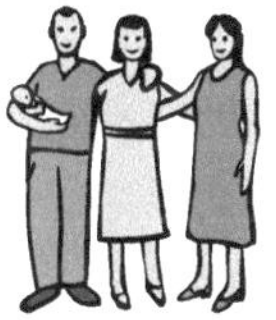

hahani

тітка

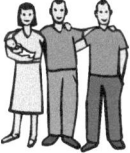

malume

дядько

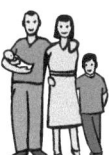

makwerhu

брат

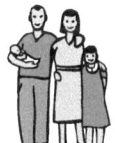

makwrhu

сестра

miri

тіло

mombo
чоло
tihlo
око
katla
плече
ritiho
палець
xikandza
обличчя
xilebvu
підборіддя
voko
кисть
nenge
нога
bele
груди
voko
рука

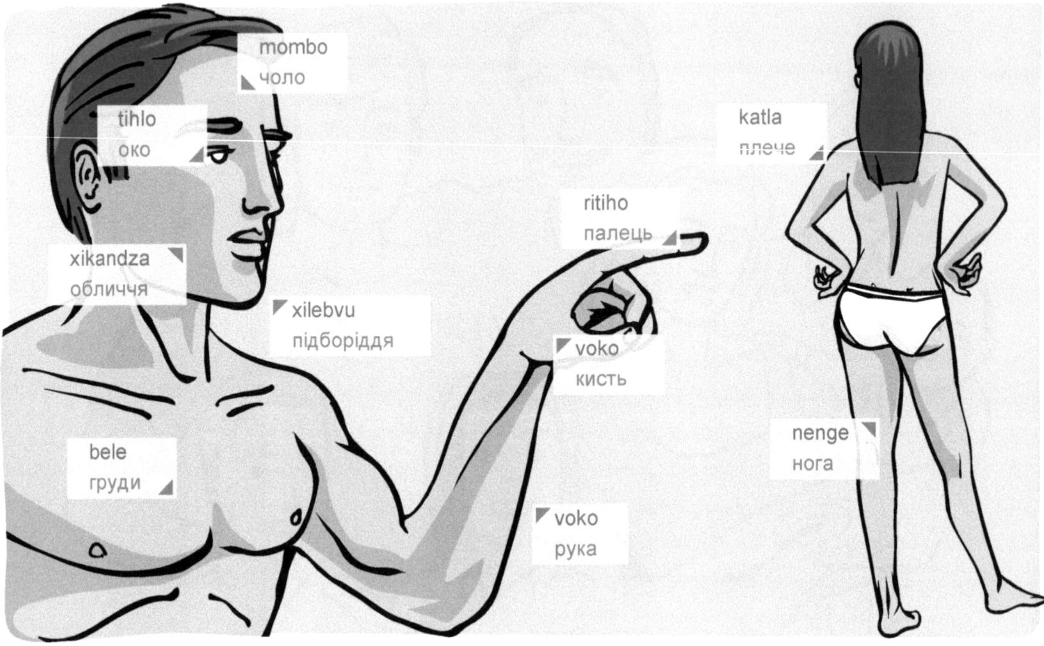

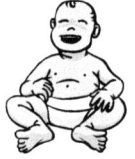

nwana

немовля

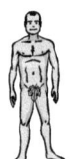

n'wanuna

чоловік

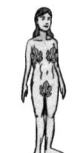

nw'ansati

жінка

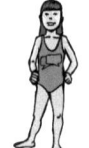

nhwanyana

дівчина

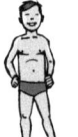

mfana

хлопчик

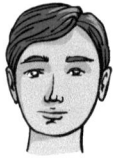

nhloko

голова

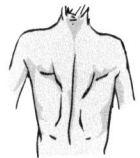

nhlana

спина

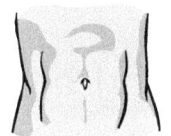

khwiri

живіт

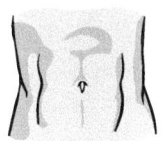

nkava

пуп

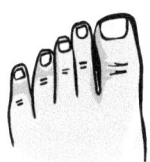

xikunwani

палець ноги

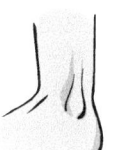

xirhenze

п'ята

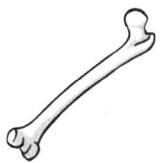

rhambu

кістка

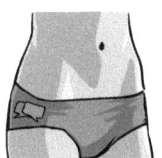

nyonga

стегно

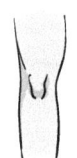

tsolo

коліно

xikokola

лікоть

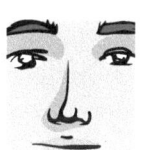

nompfu

ніс

xisuti

сідниці

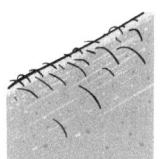

nhlonge

шкіра

rhama

щока

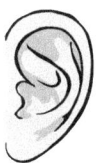

ndlebe

вухо

nomu

губа

miri - тіло

nomu

рот

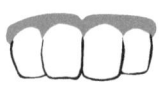

tinyo

зуб

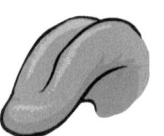

ririmi

язик

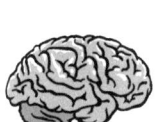

byongo

мозок

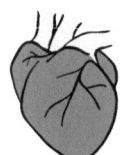

mbilu

серце

nsiha

м'яз

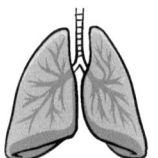

hahu

легені

vixindzi

печінка

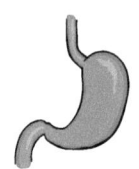

khwiri

шлунок

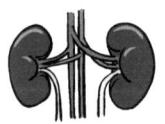

tinso

нирки

masangu

статевий акт

khondomu

презерватив

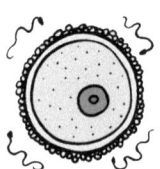

tandza

яйцеклітина

mbewu ya vununa

сперма

nyimba

вагітність

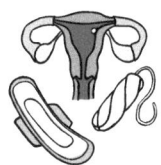

kuya enkarhini

менструація

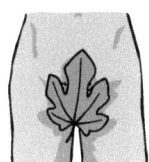

muhocho

вагіна

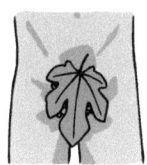

xiluma

пеніс

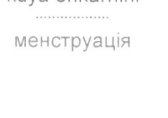

tinxiyi

брова

misisi

волосся

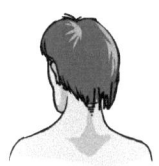

nhamu

шия

xibedlhele
лікарня

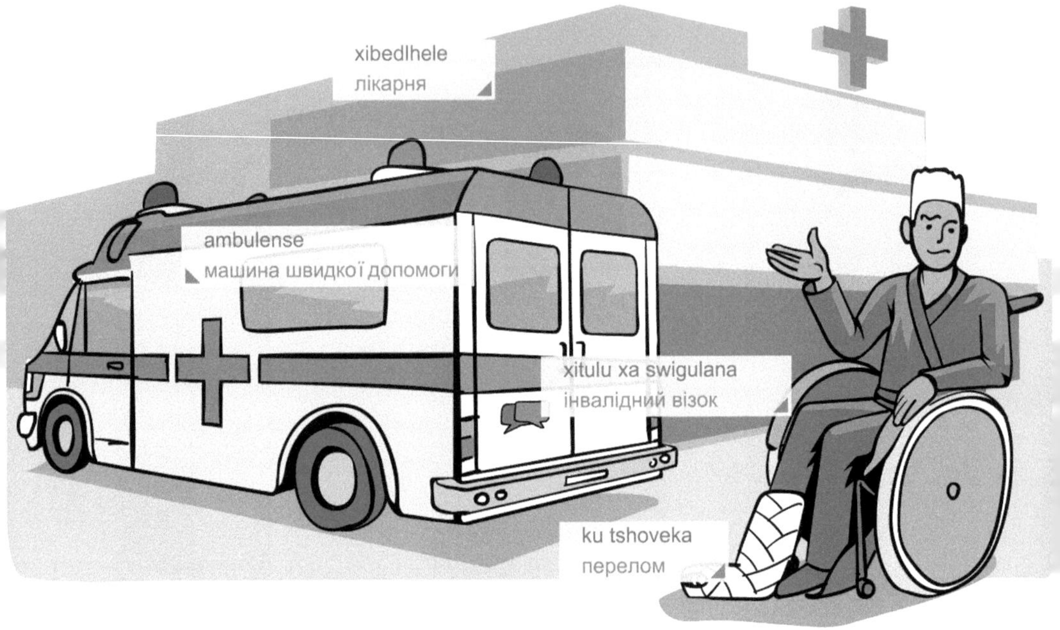

xibedlhele
лікарня
ambulense
машина швидкої допомоги
xitulu xa swigulana
інвалідний візок
ku tshoveka
перелом

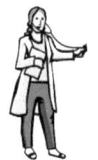

dokodela
лікар

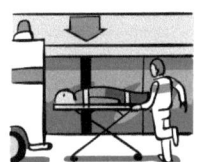

kamara ra xilamulela-mhango
відділення швидкої медичної допомоги

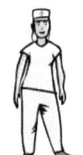

muongori
медсестра

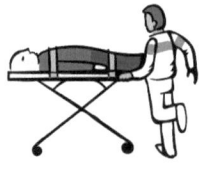

xihatla
аварійний випадок

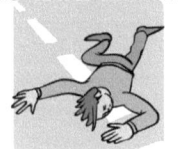

ku titivala
непритомний

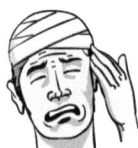

kuvava
біль

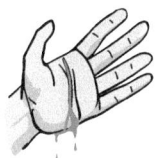

ku vaviseka

травма

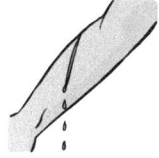

mpfempfa ngati

кровотеча

ku hlaseriwa himbilu

інфаркт

ku oma swirho

інсульт

rinyenyo

алергія

khohlola

кашель

xifumbu

лихоманка

mukhuhlwana

грип

nchuluko

пронос

ku pandza ka nhloko

головна біль

khensa

рак

chukela

діабет

dokodela

хірург

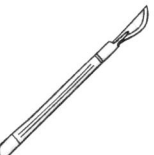

mukwana

скальпель

vuhandzuri

операція

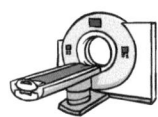

CT

КТ

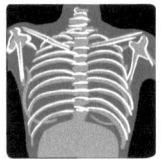

x-rheyi

рентген

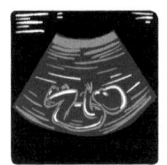

muchini wo yingisela
ntshuka-ntshuko

ультразвук

xo tipfala tinhomfu

маска

vuvabyi

хвороба

kamara ro rindza

зал очікування

nhonga

милиця

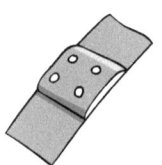

semendhe

пластир

bandhichi

пов'язка

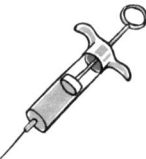

neleta

ін'єкція

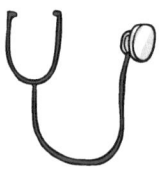

muchini wa madokodela wa
ku yingisa

стетоскоп

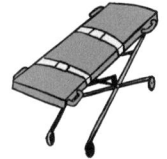

rihlaka

ноші

xipima-mahiselo

термометр

ku veleka

народження

ku nyuhela

надмірна вага

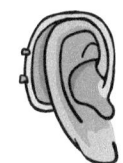

swipfuneta-ku-twa

слуховий апарат

khemikhale yo dlaya switsongwatsongwana

дезінфікуючий засіб

switsongwatsongwana

інфекція

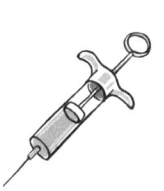

xitsongwatsongwana

вірус

HIV / AIDS

ВІЛ / СНІД

miri

медицина

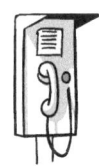

nayiti

вакцинація

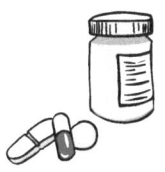

maphilisi

таблетки

pilisi

протизаплідна пігулка

rıqingho ra xihatla

екстрений виклик

muchini wo kamba nsusumeto wa ngati

тонометр

vabya / hanya

хворий / здоровий

Pfunani!

Допоможіть!

ku hlaseriwa

напад

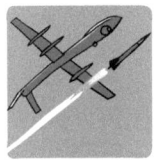

hlasela

атака

khombo

небезпека

nyangwa wo huma loko ku ri ni mhango

аварійний вихід

Ndzilo!

Вогонь!

xo tima ndzilo

вогнегасник

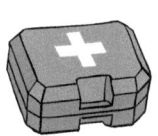

mhangu

аварія

bokisi ra xilamulela-mhango

аптечка

SOS

СОС

phorisa

поліція

Yuropa

Європа

Amerika N'walungu

Північна Америка

Amerika Dzonga

Південна Америка

Afrika

Африка

Asia

Азія

Australia

Австралія

Atlantic

Атлантика

Pacific

Тихий океан

Lwandle-nkulu ra Indiya

Індійський океан

Lwandle-nkulu ra Antarctic

Антарктичний океан

Lwandle-nkulu ra Arctic

Північний Льодовитий
океан

North Pole

Північний полюс

South Pole

Південний полюс

Antarctica

Антарктика

Misava

Земля

tiko

суша

lwandle

море

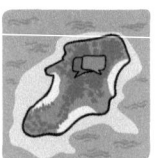

xihlala

острів

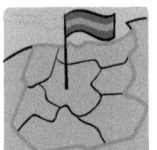

rixaka

нація

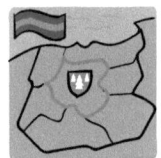

tiko

держава

xikomba nkarhi

циферблат

xikomba-tiawara

годинникова стрілка

xikomba-timineti

хвилинна стрілка

xikomba-tisekoni

секундна стрілка

I nkarhi muni?

Котра година?

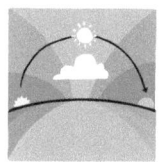

siku

день

nkarhi

час

sweswi

зараз

wachi leyi tshavatelaka

цифровий годинник

minete

хвилина

awara

година

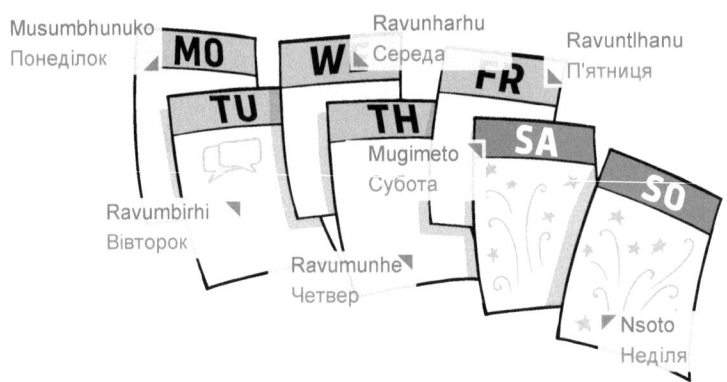

Musumbhunuko
Понеділок

Ravunharhu
Середа

Ravuntlhanu
П'ятниця

Ravumbirhi
Вівторок

Mugimeto
Субота

Ravumunhe
Четвер

Nsoto
Неділя

tolo

вчора

namuntlha

сьогодні

mundzuku

завтра

mixo

ранок

nhlekani

опівдні

madyambu

вечір

masiku ya ntirho

робочі дні

mahelo vhiki

кінець робочого тижня

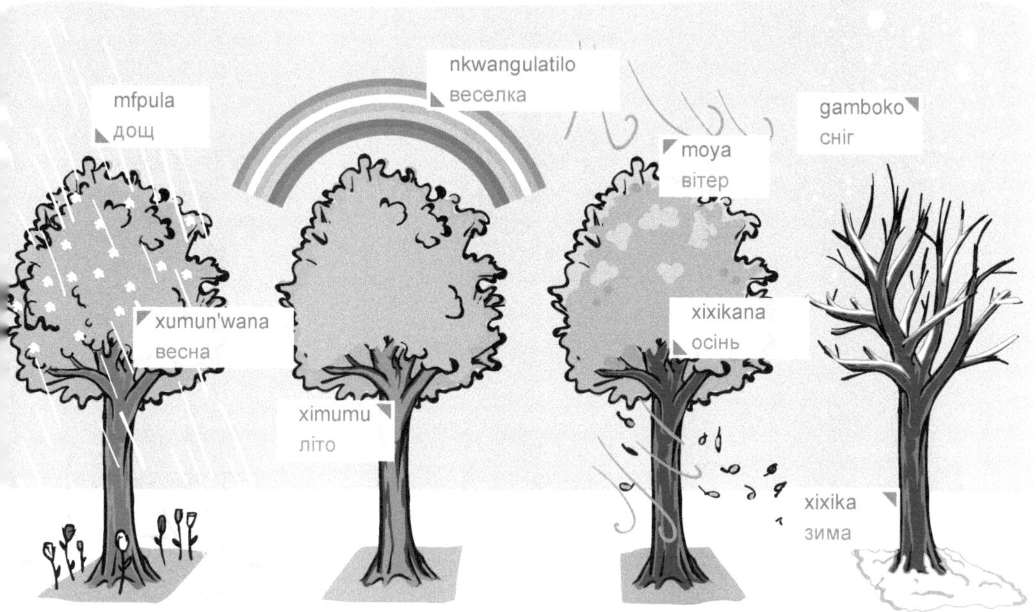

mfpula
дощ

nkwangulatilo
веселка

gamboko
сніг

moya
вітер

xumun'wana
весна

xixikana
осінь

ximumu
літо

xixika
зима

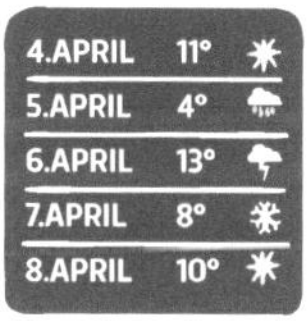

4.APRIL	11°	☀
5.APRIL	4°	
6.APRIL	13°	
7.APRIL	8°	☀
8.APRIL	10°	☀

vumbha tamaxelo

прогноз погоди

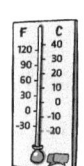

xipima-mahiselo

термометр

dyambu

сонячне світло

papa

хмара

hunguva

туман

kutsakama

вологість повітря

rihati

блискавка

dzindza-tilo

грім

xidzedze

шторм

xihangu

град

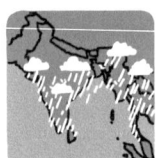

mpfula

мусон

ndhambi

повінь

ayisi

лід

Sunguti

Січень

Nyenyenyana

Лютий

Nyenyankulu

Березень

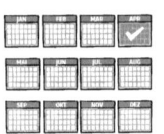

Dzivamusoko

Квітень

Mudyaxihi

Травень

Khotavuxika

Червень

Mawuwani

Липень

Mhawuri

Серпень

Ndzhati

Вересень

Nhlangula

Жовтень

Hukuri

Листопад

N'wendzamhala

Грудень

swivumbeko
форми

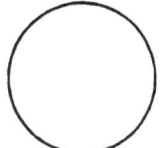

xirendzevutana

круг

xikwere

квадрат

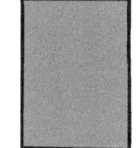

matlhelo ya mune

прямокутник

xivunguvungu xa tintlha
tinharhu

трикутник

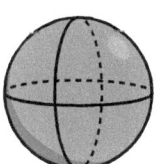

bolo

куля

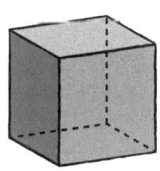

cube

куб

basa

білий

xitshopana

жовтий

lamula

помаранчевий

tshwukanyana

рожевий

tshwuka

червоний

xigunguvungu

фіолетовий

wasi

синій

rihlaza

зелений

buraweni

коричневий

mpunga

сірий

ntima

чорний

swo tala / swi tsongo

багато / мало

hlundzukile / rhurile

лютий / мирний

sasekile / bihile

гарний / бридкий

masungulo / makumo

початок / кінець

kulu / tsongo

великий / малий

vangama / munyama

світлий / темний

buti / sesi

брат / сестра

basile / chakile

чистий / брудний

helerile / helelangiki

завершений /
незавершений

siku / vusiku

день / ніч

file / hanyaka

мертвий / живий

pfulekile / pfalekile

широкий / вузький

swa dyiwa / a swi dyiwi

їстівний / не їстівний

homboloka / lunghile

злий / дружній

tsakile / phirekile

збуджений / нудьгуючий

nyuhela / lala

товстий / тонкий

masungulo / makumo

спочатку / востаннє

mungana / nala

друг / ворог

tele / hava

повний / порожній

tiyile / olova

жорсткий / м'який

tika / vevuka

важкий / легкий

ndlala / torha

голод / спрага

vabya / hanya

хворий / здоровий

swi ngariki enawini / enawini

незаконний / законний

tlharihile / xiphukuphuku

розумний / дурний

ximati / xinene

вліво / вправо

akusuhi / kule

поруч / далеко

yintshwa / tirhisiwile

новий / використаний

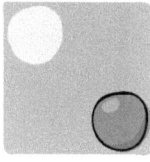

hava / xin'wana

нічого / щось

dyuharile / muntshwa

старий / молодий

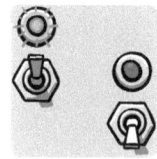

xarirha / xitimile

вкл / викл

pfurile / pfariwile

відкрито / закрито

myerile / huwa

тихо / гучно

fuwile / xisiwana

багатий / бідний

swinene / bihile

правильно / неправильно

khwasha / reta

шорсткий / гладкий

vaviseka / tsaka

сумний / щасливий

koma / leha

короткий / довгий

hlwela / hatlisa

повільно / швидко

tsakama / oma

вологий / сухий

kufumela / titimela

гарячий / холодний

nyimpi / kurhula

війна / мир

swo hambana - протилежності

0

noto

нуль

1

n'we

один

2

mbirhi

два

3

nharhu

три

4

mune

чотири

5

ntlhanu

п'ять

6

ntsevu

шість

7

nkombo

сім

8

nhungu

вісім

9

nkaye

дев'ять

10

khume

десять

11

khume n'we

одинадцять

12
khume mbirhi

дванадцять

13
khume nharhu

тринадцять

14
khume mune

чотирнадцять

15
khume ntlhanu

п'ятнадцять

16
khume ntsevu

шістнадцять

17
khumbe nkombo

сімнадцять

18
khume nhungu

вісімнадцять

19
khume nkaye

дев'ятнадцять

20
makhume mambirhi

двадцять

100
dzana

сто

1.000
gidi

тисяча

1.000.000
gidi ya magidi

мільйон

Xinghezi

англійська

Xinghezi xa Amerika

американська англійська

Xichayina xa Mandarin

китайська
високочиновницька

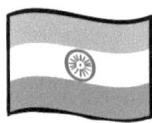

Xihindi

хінді

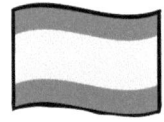

Xipaniya

іспанська

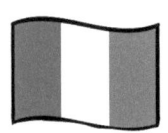

Xifurwa

французька

Xiarabu

арабська

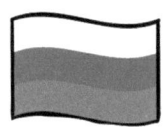

Xirhaxiya

російська

Xiputukezi

португальська

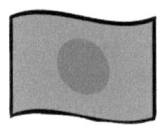

Xibengali

бенгальська

Xijarimani

німецька

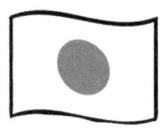

Xijapani

японська

mina

я

wena

ти

yena / yena / xona

він / вона / воно

hina

ми

n'wina

ви

vona

вони

mani?

хто?

yini?

що?

njhani?

як?

kwihi?

де?

rhini?

коли?

vito

ім'я

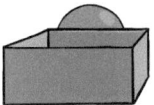

endzaku

ззаду

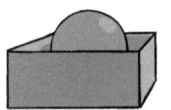

ahehla

в

emahlweni a

перед

ahenhla ka

над

eka

на

ehansi

під

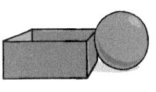

handle ka

біля

exikarhi ka

між

ndhawu

місце